Ich werde eine grosse Schwester!

Begleitendes Buch zu *Ich werde ein GROSSER BRUDER!*

Herausgeberin: Nicolette McFadyen
Illustration: Natalie Whitehead & Keda Gomes

Für meine wundervolle Schwester Natalie.
Ich danke dir, dass ich mit dir die beste Freundin habe,
die man sich nur wünschen kann.

© Nicolette McFadyen 20
1. Auflage

Illustrationen: © Natalie Whitehead und © Keda Gomes

Print ISBN: 978-1-998958-75-7 / Ebook ISBN: 978-1-998958-76-4

Besonderer Dank geht an Cathy Eden für ihren redaktionellen Beitrag.

Ein Hoch auf heute, denn ich werde

eine große Schwester!

Als ich die Nachricht erfuhr,

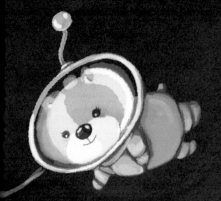

Hatte es mich

fast

umgehauen,

Eine beste Freundin
zum Kuscheln, während wir
gemeinsam Cartoons anschauen!

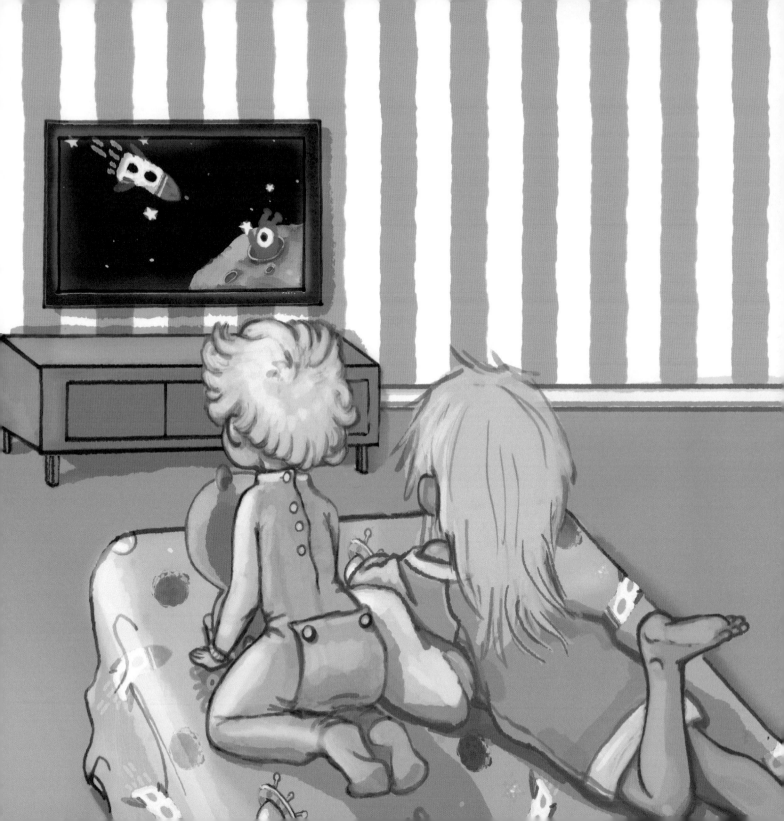

Ich bin SO überglücklich, ich könnte HÜPFEN und SINGEN,

Ich fühle mich, als würde ich

im GELB-PINKEN
FARBREGEN
Rumspringen.

Wir können

Bilder malen,

Kuchen backen,

oder
Drachen steigen
Lassen,

Und wenn uns langweilig wird, können wir rausgehen und unsere Räder packen.

Über die Geschichten aus *Grünes Ei mit Speck* werden wir lachen, und ich werde mit dir in deinem Kinderwagen eine schnelle Runde durch den Park machen. Verbündete werden wir sein, du als meine Freundin und ich.

Neun Monate scheinen so ewig lang – komm schon, BITTE BEEILE DICH!

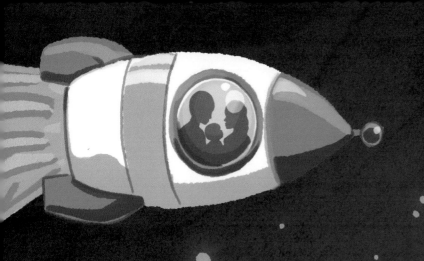

Mein Herz ist so schwer,
und ein wenig Angst hat mich erfasst.
Was, wenn dieses Baby,
das sich zu uns da gesellt,
meinen Platz einnimmt, oder gar meine
Eltern für sich allein behält?

Was ist,

wenn es

DIE GANZE

LANGE NACHT

HINDURCH

NUR SCHREIT,

und niemand schaut, ob *ich* glücklich

oder traurig bin zurzeit?

Was ist, wenn ich nicht mehr zugedeckt

werde, mitten in der Nacht,

niemand kuschelt mehr mit mir, dabei

bin ich doch vor Schreck aufgewacht.

Dann ergreift mich ein Gefühl, das mir nicht gefällt.

Etwas, das sich um mein Herz wickelt und es fest umklammert hält.

Es ist wie eine schlängelnde grüne Schlange,

die mit einem Zischen sagt:

"Und was ist mit dem Teilen?

Hast du schon mal darüber nachgedacht?"

Das Baby könnte mein Lieblingsspielzeug wollen,

das mit dem Licht,

Oder meinen Lieblingskeks –

aber das will ich NICHT!

Ich fühle...

mich **glücklich**

doch muss ich mich

auch mit **Sorgen** plagen.

Ich bin **eifer-süchtig**

und habe **Angst** – wovor, kann ich nicht sagen.

Es ist alles ziemlich **verwirrend**, mein Herz ist hin- und hergerissen; wie kann ich eine große Schwester sein, das würde ich so gerne wissen.

Ich spreche mit meinem Teddybären über all mein Unbehagen, er ist geduldig und weise und weiß Folgendes zu sagen:

Dass die Farben, in denen der Regenbogen strahlt, mir erklären können, warum ich mich fühle wie bei einer Karussellfahrt.

Er zeigt auf das eine Ende und sagt:
"Lass mich dir einen Ratschlag geben,
Dieses Lila heißt VIOLETT,
und du findest INDIGOBLAU daneben.

Für ZAUBER und HOFFNUNG dürfen,
wirklich wahr, diese Farben stehen,
und genau das werden
sie deiner Familie
und dir bringen,
du wirst schon sehen!"

"Als nächste kannst du die Farben

BLAU und GRÜN erkennen.

Wenn du traurig bist oder schlechte

Gedanken durch deinen Kopf rennen,

oder wenn du warten musst und dich gefühlt

niemand zu bemerken scheint, ich weiß,

dann wirst du,
und denke immer daran,
mehr **geliebt** als eine

Fantastillion

Kekse mit Eis!"

"Jetzt kommt meine Lieblingsfarbe",
sagt Teddy mit einem Zwinkern.
"GELB steht für
GLÜCKLICHSEIN,
mit seinem hellen
Strahlen und Blinkern."

"ORANGE kann dich
wie ein herrliches
heißes Getränk erwärmen,

"Doch **ROT**, die Farbe der LIEBE,
ist meiner Meinung nach
die beste auf Erden.

Sie lässt dein HERZ wachsen
und nicht kleiner werden."

Als ich Teddy zuhöre, wächst ein Lächeln auf meinem Gesicht. Jetzt weiß ich mit Sicherheit, ersetzen wird man mich nicht.

Es gibt genug Liebe für alle;
da besteht keinerlei Gefahr.
Ich bin etwas Besonderes
und werde geliebt,
und endlich wird es mir klar:

Es ist gut, wenn du über deine Gefühle sprichst, das ist mir jetzt klar,

Lade dir nicht alles auf, sondern lass es raus, denn es hilft. Wirklich wahr!

Alles über die Farben des Regenbogens,
erkläre ich dem Baby dann,
Dass es sich **glücklich**, **traurig**, **wütend**
oder einfach nur mal **so lala** fühlen kann.
Wir werden füreinander da sein,
in **GUTEN** wie in **schlechten Zeiten**.

Und gemeinsam
werden wir das

großartige

Abenteuer,

das sich
Leben nennt,

BESTREITEN!

ENDE

Fragen zur Diskussion:

1. Welche Farbe empfindest du, wenn du an das neue Baby denkst und warum?
(Schlag die Seite mit den verschiedenfarbigen Herzen als Hilfe auf)
2. Warum freust du dich auf einen kleinen Bruder oder eine kleine Schwester?
3. Welche Dinge machen dich traurig. Diskutiere, wie es sich anfühlt, einsam oder "ausgegrenzt" zu sein.
4. Welche Spiele würdest du gerne mit deinem neuen Bruder oder deiner neuen Schwester spielen?
5. Was ist etwas, das du besonders gerne nur mit Mama oder Papa machst?

Zeit zu zweit:

Planen Sie eine Routine von Zeiten zu zweit mit Ihren älteren Kindern (vor dem Schlafengehen lesen, im Park spielen usw.) sowie eine besondere Aktivität, bei der sie sich sehr geliebt fühlen. Achten Sie darauf, dass Sie, während das Baby wächst, weiterhin Zeit zu zweit mit Ihren älteren Kindern verbringen.

Mit dem Baby helfen:

Überlegen Sie sich altersgerechte Möglichkeiten, wie Ihr Kleinkind oder ältere Kinder Ihnen mit dem Baby helfen können. Können sie Ihnen die Feuchttücher oder die Babydecke bringen? Achten Sie darauf, dass Sie Ihre Kinder viel loben, wenn sie helfen.

Zeigen Sie Einfühlungsvermögen:

Wenn wir einem Kind sagen, dass es nicht wütend, traurig, verletzt, verärgert oder eifersüchtig sein soll, dann erklären wir unseren Kindern, wie sie sich zu fühlen haben. Dadurch lernen sie, ihren eigenen Gefühlen nicht zu vertrauen. Versuchen Sie stattdessen, sich in ihre Gefühle hineinzuversetzen und ihnen beizubringen, wie sie mit ihren Gefühlen auf gesunde Weise umgehen können. Das Wichtigste ist, dass Sie sich in die Situation Ihres Kindes einfühlen und ihm das Gefühl geben, dass es gehört wird, auch wenn Ihnen sein Verhalten unlogisch erscheint. (Mehr zum Thema Emotionscoaching finden Sie in "Kinder brauchen emotionale Intelligenz: Ein Praxisbuch für Eltern" von John M. Gottman).

Über die Autorin:
Nicolette McFadyen ist eine dreifache Mutter, die schnell erkannte, wie wichtig es ist, ihre Kleinen emotional auf die Ankunft eines neuen Geschwisterchens vorzubereiten. Sie erkannte, dass wir selbst oft nicht wissen, wie wir die Gefühle unserer Kinder am besten erklären oder uns mit ihnen identifizieren können. Also machte sie sich daran, ein anschauliches Buch zu schreiben, das Eltern eine Möglichkeit bietet, das Gespräch zu suchen und ihren Kindern zu ermöglichen, diese Gefühle zu erkennen und auszudrücken.

Für mehr Informationen:
 nicolette_mcfadyen_books